_____ 님께 드립니다

지금 그대로 사랑합니다

나를 깨워주고 삶의 길을 밝혀주는 156편의 잠언시

지금 그대로 사랑합니다

초판 1쇄 발행 2015년 10월 17일

지은이 김달국
발행인 송현옥
편집인 옥기종
펴낸곳 도서출판 더블:엔
출판등록 2011년 3월 16일 제2011-000014호

주소 서울시 강서구 마곡서1로 132, 301-901
전화 070_4306_9802
팩스 0505_137_7474
이메일 double_en@naver.com

ISBN 978-89-98294-18-2 (13320)

도서출판 더블:엔은 독자 여러분의 원고 투고를 환영합니다. '열정과 즐거움이 넘치는 책'으로 엮고자 하는
아이디어 또는 원고가 있으신 분은 이메일 double_en@naver.com으로 출간의도와 원고 일부, 연락처 등을
보내주세요. 즐거운 마음으로 기다리고 있겠습니다.

나를 깨워주고 삶의 길을 밝혀주는 156편의 잠언시

지금
그대로
사랑합니다

글 김달국 ♥ 사진 서정애

더블:엔

 머리말

나 혼자만 길을 잃고 외롭게 사는 느낌이 들 때가 있다. 세상을 살아가는 것이 만만치 않다는 생각이 든다. 갈 길은 먼데 발걸음이 무겁게 느껴진다. 그런 생각이 들 때마다 나는 나 자신을 돌아보았다. 내가 세상을 바꿀 수도, 수많은 타인들을 내 뜻대로 움직일 수도 없다면 힘들고 외로울 때 내 안에서 위안과 빛을 찾는 수밖에 없다.

지식은 급속하게 늘어났지만 지혜는 오히려 줄어들었다. 나이를 먹는다고 저절로 알아지는 것도 아니고 많이 배운다고 얻어지는 것도 아니다. 그것은 나를 먼저 알고 세상을 알아야 얻을 수 있는 것이다. 쉽지는 않겠지만 바꿀 수 있는 것은 나 자신 밖에 없다. 자신을 오래 보면 알게 되고 사랑하는 마음이 생긴다. 그때 살아가는 지혜가 생긴다. 세상이 쉬워진 것이 아니라 나에게 힘과 지혜가 생긴 것이다.

지난 10여 년간 급변하는 세상을 살아가기 위해 나를 어떻게 키워나갈 것인가에 대해 공부하면서 책을 쓰고 강연도 하였다. 살아가면서 읽고 경험하고 사색한 것들을 통해 얻은 지혜를 함축된 글로 전하고 싶었다. 이 책은 그동안 공부한 것을 군더더기를 다 빼고 핵심만을 남겨 잠언과 같은 짧은 글로 쓴 것이다.

책을 세상에 내놓을 때마다 딸을 시집보내는 것 같은 마음이 들었다. 이번에는 마침 30년간 고이 키운 큰딸이 멀리 시집을 가니 그 마음이 두 배나 된다. 이제 이 책도, 큰딸도 나의 손을 떠난다. 지금 내가 바라는 것은 이 책이 이 시대를 힘들고 외롭게 살아가는 사람들에게 조금이라도 힘과 위안을 줄 수 있고, 큰딸이 잘 사는 것이다. 그렇게 되길 믿는다.

2015. 10. 김달국

CONTENTS

지 금   그 대 로   사 랑 합 니 다

지금 그대로
사랑합니다

웃으면 눈이 작아져도 웃으세요
작은 눈으로 인상 쓰면 더 우스워요

노래를 잘 못 불러도 즐겁게 부르세요
가수의 노래가 아니라
즐겁게 부르는 노래를 듣고 싶어요

춤을 못 춰도 신나게 추세요
리듬에 맞춰 몸이 가는 대로
흥겹게 추는 춤을 보고 싶어요

울고 싶을 때는 그냥 우세요
당신도 힘들 때가 있다는 것 알아요

말을 더듬어도 자신있게 말하세요
말이 진실하면 누구나 잘 들어요

지금 모습에 자신을 가지세요
지금 그대로 사랑합니다

삶이란

어렸을 때는 삶이 화려한 연극인 줄 알았어요
꿈은 이루어질 줄 알았어요
대단한 일이 일어날 줄 알았어요
내가 사랑하는 사람이 나를 사랑해줄 거라고 생각했어요

시간이 지나면서 삶이 별 것 아니라는 것을 알았어요
이루어지지 않는 꿈이 더 많다는 것을 알았어요
삶은 사소한 일들의 연속이라는 것을 알았어요
내가 사랑하는 사람이 나를 사랑하는 것은
기적이라고 생각했어요

시간이 더 지나면서 삶이 소중한 것이라는 것을 알았어요

이루어진 꿈도 있다는 것을 알았어요

흔한 것이 귀한 것이고

사소한 것이 소중하다는 것을 알았어요

나에게 기적이 일어났다는 것을 알고 울 뻔했어요

003

완성

생각은 행동으로 완성되고
말은 경청으로 완성되고
감정은 표현으로 완성되고
은혜는 보답으로 완성되고
평화는 용서로 완성되고
삶은 죽음으로 완성된다

이런 사람이 좋더라

두루 어울리지만 휩쓸리지 않고
자기 소신이 분명하지만 까다롭지 않으며
생각은 깊지만 행동은 민첩한 사람이 좋더라

상대를 존중하지만 상대의 시선을 크게 의식하지 않고
의견이 같지 않더라도 남의 생각을 함부로 물리치지 않으며
많이 알고 있지만 말을 어렵게 하지 않는 사람이 좋더라

말을 할 때는 비유와 유머로 재미있게 하고
상대의 말은 누구든 귀 기울여 듣고
상대의 조그만 장점도 놓치지 않고 칭찬해주는 사람이 좋더라

놀이판이 벌어지면 신나게 놀 줄 알고
노래를 부르면 몸도 함께 따라 부르며
잘 웃고 부드럽지만 자기절제가 강한 이런 사람이 좋더라

005

어떻게 살 것인가

구불구불한 나무는 쓸모가 없어서 오래 살았고
울지 못하는 거위는 쓸모가 없어서 일찍 죽었다
공작새는 날개 때문에 오랫동안 살았고
여우는 털 때문에 잡혀 죽었다

김부장은 일찍 진급하여 정년을 채우지 못했고
박차장은 늦게 진급하여 다 채우고 나왔다
일을 못 하는 이과장은 구조조정 때 잘렸고
일을 잘 하는 정차장은 끝까지 살아남았다

정답은 극단으로 치우치지 않고
균형 있게 살아가는 것이다

지금 그대로
사랑합니다

006

인연

우연으로 만났어도
잡아야 할 사람이 있고
숙명처럼 만났어도
놓아야 할 사람이 있다

나를 힘들게 해도
잡아야 할 사람이 있고
기쁘게 해도
놓아야 할 사람이 있다

나를 기쁘게 해 주는 인연도 좋지만
힘들게 해도 키워주는
그런 인연은 놓지 마라

우물과 사람

우물이 얼마나 깊은지 궁금하면 돌을 던져보고
사람이 얼마나 깊은지 궁금하면 말을 던져보세요

우물의 물을 얻고 싶으면 마중물을 먼저 붓고
사람의 마음을 얻고 싶으면 관심을 먼저 가져보세요

우물에 함부로 침을 뱉으면
나중에 먹게 될 일이 생기게 되고
사람에게 함부로 말을 뱉으면
나중에 화를 입을 일이 생깁니다

아이처럼

아이들은
녹을 줄 알면서도 눈사람을 만든다
무너질 줄 알면서도 모래성을 쌓는다
넘어질 줄 알면서도 자전거를 탄다
하는 것이 다 재미있다
어른들은
넘어질까 두려워 스케이트를 배우지 못한다
상처받을까 두려워 사랑하지 못한다
실패할까 두려워 시도하지 못한다
하는 것이 다 두렵다
누구나
두려운 일을 재미있는 일로 바꿀 수 있다면
어른이 되어서도 아이처럼 살 수 있다
넘어지고 상처받고 실패하는 것
그러면서 다시 일어서는 것이 삶이다

스스로 하면

스스로 고치 깨고 나오면 나비

남이 고치 깨서 꺼내면 번데기

스스로 팔 굽혀 펴기 하면 운동

남이 시켜서 하면 기합

스스로 머리 깎고 들어가면 출가

끌려 들어가서 머리 깎으면 감옥

지금 그대로
사랑합니다

큰사람

가면을 써야 할 수 있는 일을 맨 얼굴로 할 수 있는 사람

자기가 한 말에 책임을 지는 사람

화를 낼 수도 있는 상황에서 차분하게 말할 수 있는 사람

자신의 약점을 유머의 소재로 만들 수 있는 사람

상대의 비판을 웃어넘길 수 있는 사람

한 마디 말로 상대를 이길 수 있는 상황에서 그 말을 하

지 않는 사람

자신보다 낮은 사람에게 부드러운 사람

나는 위인보다 이런 사람을 더 존경한다

이런 사람이 큰사람이다

열 가지 힘

사람을 끌리게 하는 매력

사람과 어울리는 친화력

사람의 마음을 움직이는 설득력

사람의 마음을 알아주는 공감력

사람을 움직이는 통솔력

에너지를 한 곳에 모으는 집중력

세상과 사람을 바르게 보는 판단력

일을 꾸미고 계획하는 기획력

잘 조정하고 조절하는 절충력

새로운 것을 생각하는 창의력

당신이 자신 있게 내세울 수 있는 힘은 무엇입니까?

사람들 마음

호의를 받았으면 금방 갚으려고 하지 마세요
사람들은 당신이 어느 정도 빚지고 있길 원해요

너무 많은 것을 보여주려고 하지 마세요
사람들은 당신만큼 거기에 관심이 없을 수도 있어요

당신이 가진 것을 자랑하지 마세요
사람들은 당신이 가진 것보다
당신이 베푸는 것에 관심이 있어요

잘 났다고 자랑하지 마세요
사람들은 당신을 만나 자신이 더 커 보이길 원해요

가르치려고 하지 마세요
사람들은 그 정도는 알고 있다고 생각해요

말을 많이 하려고 하지 마세요
사람들은 당신에게 자신의 말을 하고 싶어 해요

호의를 베풀고 좋은 반응을 기대하지 마세요
사람들은 말 안 해도 당신이 다 알거라고 생각해요

013

도(道)

아침에 도(道)를 들었어요
공자의 말씀처럼 아침에 도를 들었으니
저녁에 죽어도 좋다고 생각했어요
아침에 무엇을 들었는지 묻지 마세요
노자는 도를 말할 수 있으면 도가 아니랬어요
내 마음 속의 그 느낌이 도일 것 같아요
알지만 가슴 벅차 말할 수 없을 것 같은
그 무엇이 도가 아닐까요
매일 저녁에 죽어도 좋은 사람으로 살고 싶어요
아침마다 도를 들으며 살고 싶어요

한 번은 뜨거워야

한 번은 뜨거워야 아이를 낳는다

한 번은 뜨거워야 사람들을 움직인다

한 번은 뜨거워야 백자가 된다

한 번은 뜨거워야 명검이 된다

한 번은 뜨거워야 꿈이 이루어진다

015

친구

공자는 나보다 못한 사람을
친구로 사귀지 말라고 일찍이 말씀하셨다
몇몇 친구들의 얼굴이 떠올랐다
앞으로 어떻게 해야 할까 걱정했다

또 공자는 세 사람이 걸으면
반드시 나의 스승이 있다고 말씀하셨다
그 말에 그 친구들 걱정 안 해도 되었다
모두가 나의 스승인데

사랑과 집착

한 사람을 만났어요
우리는 뜨겁게 사랑했어요
그 사람을 생각하는 것이 하루의 전부였어요
내 안에 그 사람이 살고 있었어요

그 사람이 어떤 생각을 하는지
누구를 만나는지 궁금해서 미칠 때도 있었어요
같이 있으면 즐겁지만 혼자 있으면 불안했어요
그런 사랑 너무 힘들었어요

어깨에 너무 많은 것을 얹었나 봐요
내가 한 것은 사랑이 아니었어요
그것은 집착이었어요
비뚤어진 열정 때문에 너무 힘들었어요

017
우리를 결정하는 것

누구와 관계를 맺느냐에 따라 수준이 결정되고
어떤 책을 읽느냐에 따라 지혜가 결정되고
어떤 생각을 하느냐에 따라 운명이 결정된다

인품을 결정하는 것은 언행일치
관계를 결정하는 것은 서로에 대한 관심과 공감
행복을 결정하는 것은
욕망과 성취 사이의 적절한 균형이다

018

쉽게 바뀌지 않는다

성격이 쉽게 바뀌지 않는다
초등학교 친구들을 보라
40년이 지나도 옛날 그대로다

습관이 쉽게 고쳐지지 않는다
벗은 양말을 그대로 두는 남편을 보라
이것 때문에 아직도 부부싸움이다

누구를 바꾸는 것은 어렵다
나를 먼저 바꾸면 상대도 바뀐다
순서를 거꾸로 하니 세상 사는 것이 어렵다

지금 그대로
사랑합니다

행복한 결혼이란

행복한 결혼이란 길들이는 것이 아니라
길들여지는 것이다
서로 공평하게 길들여지는 것이다

서로 갈등이 없는 것이 아니라
지혜롭게 극복하는 것이다
그러면서 서로를 더 잘 알아가는 것이다

힘든 것을 참고 살아가는 것이 아니라
즐거운 것을 표현하고 살아가는 것이다
그러면 힘든 것이 저절로 줄어들게 된다

결국은

문제가 있을 거라고 생각하면

결국은 문제가 있다

안 될 거라고 생각하면

결국은 안 된다

결국은 우리가 생각하는 대로 된다

문제를 해결할 수 있을 거라 생각하면

결국은 해결할 수 있다

될 수 있을 거라고 생각하면

결국은 된다

결국은 우리가 생각하는 대로 된다

지금 그대로
사랑합니다

진정한 사랑이란

상대를 내 손에 잡고 있는 것이 아니라
놓아주는 것
상대를 바꾸는 것이 아니라
있는 그대로 받아들이는 것
상대가 좋아하는 것을 하도록 하는 것
생각은 다르지만 공감하여 하나되는 것
색깔은 다르지만 조화를 이루는 것
이것이 진정한 사랑이다

이렇게 될 줄 알면서도

머리가 아플 줄 알면서도 술을 많이 마셨어요

배가 나올 줄 알면서도 많이 먹었어요

후회할 줄 알면서도 심한 말을 했어요

아이들이 빨리 클 줄 알면서도

같이 놀아주지 못했어요

돌아가실 줄 알면서도

엄마에게 사랑한단 말을 못했어요

이렇게 될 줄 알면서도 우물쭈물 했어요

결국 이렇게 될 줄 알면서도

너무 많은 것을 했어요

결국 이렇게 될 줄 알면서도

너무 많은 것을 하지 못했어요

착각하지 마세요

폭력성을 남자다움이라고

우울함을 감성적이라고

고집을 일관성이라고

자기중심적인 태도를 자신감이라고

간섭을 관심이라고

집착을 뜨거운 사랑이라고

게으름을 휴식이라고

쩨쩨함을 검약이라고

지나친 겸손을 미덕이라고

어제와 같은 행동을 하면서도

내일은 달라질 거라고

착각하지 마세요

후회

과자를 샀다
먹을 것이 없었다
아이들에게 용돈을 헤프게 쓴다고
말한 것을 후회했다

집안일을 했다
시간이 많이 걸렸다
아내에게 시간개념 없다고
말한 것을 후회했다

집안에서 폰을 찾아다녔다
한참 뒤에 엉뚱한 곳에서 찾았다
안경을 자주 찾는 아내에게
잔소리한 것을 후회했다

지금 그대로
사랑합니다

말과 행동

생각이 말이다

생각이 일어나지 않으면 언어가 존재하지 않는다

그러니 말이 그 사람이다

말이 그 사람의 전부는 아니다

언행이 다른 사람들이 많기 때문이다

그 사람의 행동이 그 사람의 전부다

남들의 이목

예쁘게 보이려고
비싼 옷 입고 분 바르고 나갔지만
바쁘게 사는 사람들
눈길 한번 주지 않더라

똑똑하게 보이려고
멋진 말 고상한 말 하고 다녔지만
잘난 체 하는 사람들
자기 말 하느라 정신 없더라

027

그렇게 믿지만

긍정적인 사고가 성공의 열쇠라는 것을 믿는다
하지만 낙관주의에 빠지지는 않는다

지금의 나를 만들어준 것의 7할은 책이라는 것을 믿는다
하지만 나머지 3할도 무시하지는 않는다

첫사랑이 아름다운 사랑이라는 것을 믿는다
하지만 다른 사랑도 아름답게 할 수 있다는 것을
잊지는 않는다

아름다운 사람에게 사랑을 느낄 수 있다는 것을 믿는다
하지만 사랑의 눈으로 보면 누구나 아름답게 보인다는
것을 잊지는 않는다

자신이 행복하게 살 것이라고 믿는다
하지만 불행이 찾아올 수도 있다는 것을 잊지는 않는다

삶의 어리석음

독한 술 마시면서

건강을 위하여 건배하는 일

인생의 비극 앞에서

늘 자신은 예외이기를 바라는 일

수면제를 먹기 위해
알람 시계를 맞춰놓고 눕는 일

궁금하면 바로 네이버에 검색하면서
자신이 어떤 사람인지 모르는 일

신년 해돋이를 본 다음날
늦잠 자는 일

스스로를 사랑하지 않으면서
다른 사람이 사랑해주길 바라는 일

우물쭈물 하다가 이렇게 될 줄 알면서도
지금 우물쭈물 하고 있는 일

우리가 이렇게 어리석은 줄 알면서도
공부하지 않고 살아가는 일

화

큰 소리로 화를 내는 것이나
화를 억지로 참는 것이나
모두 좋은 것은 아니다

화가 날 때 정당한 방법으로
화를 내는 것이 좋은 것이다

상대방 때문에 화를 낸다고 생각하는 것이나
화를 낼 수밖에 없는 상황이었다는 것이나
모두 사실이 아니다

그것을 빌미로 내가 화를 내기로
선택했다는 것만이 사실이다

모르기 때문이다

멀리 있는 잔디가 푸르게 보이는 것은
가까이서 보지 않았기 때문이다

행복해 보이는 사람들이 많은 것은
속속들이 모르기 때문이다

아름답게 보이는 여자들이 많은 것은
혼자 시간을 어떻게 보내는지 모르기 때문이다

우리가 모르는 것들은 다 좋게 보인다
불행의 반은 여기서 비롯된다

경청(傾聽)

상대방의 말을 경청하라고 말은 하지만
그게 어디 쉬운 일인가요
왕처럼 큰 귀와
열 개의 눈으로
마음이 하나되어야 하는 일인 걸요
당신이 그렇게 할 수만 있다면
당신을 왕처럼 대하겠습니다

그런 것 아닐까요

정말 천당과 지옥이 있을까요
내 마음 속에 그런 것들이 있는 것 아닐까요

정말 사람들은 선할까요
내가 대하기 나름 아닐까요

정말 꿈은 이루어질까요
내가 얼마나 뜨거운가에 달린 것 아닐까요

정말 인생이 살기 힘든 것일까요
내가 삶을 어떻게 보느냐에 달린 것 아닐까요

033

모를 뿐

올봄에 핀 벚꽃이 작년에 핀 꽃인지 다른 꽃인지
내가 마음을 속이는 건지 마음이 나를 속이는 건지
고통이 나를 키우는 건지 내가 고통을 키우는 건지
신이 인간을 만든 건지 인간이 신을 만든 건지
술을 마시는 내가 진짜 나인지
차를 마시라는 내가 진짜 나인지
그리고 정말 모르는 또 한 가지!
삶과 죽음이 하나라는 그 분의 말씀!

지나치면

말이 지나치면 사람들이 멀리하고
생각이 지나치면 행동을 멀리하고
겸손이 지나치면 오만으로 비쳐지고
관심이 지나치면 간섭으로 보여지고
친절이 지나치면 부담을 주게 되고
유머가 지나치면 가볍게 비쳐지고
칭찬이 지나치면 아부로 보여지고
배려가 지나치면 상처를 주게 되더라

좋은 것도 지나치면 모자람만 못 하더라

035

묘수

못사는 이유는 많아도
잘사는 묘수는 없다
나에게 열쇠가 있을 뿐이다
남이 나를 괴롭히는 것이 아니다
내가 나를 괴롭히는 것이다
그러니 나를 잘 다스리는 것이 잘 사는 묘수다

진짜 이유

사건 때문에 헤어지는 것은 아니다
마음이 상하는 것은 사건 자체가 아니라
그것을 처리하는 방법이다

고통 때문에 힘든 것이 아니다
힘든 것은 고통 자체가 아니라
그것을 보는 해석 때문이다

우리를 슬프게 하거나 고통을 주는 진짜 이유는
우리가 생각하는 이유가 아니라
다른 작은 이유 때문이다

지금 그대로
사랑합니다

정말 쉬운 일과 어려운 일

충고하는 일

말로만 하는 일

남 탓하는 일

말을 바꾸는 일

약속을 하는 일

재미없는 말을 오래 하는 일

쉬운 것을 어렵게 말하는 일

이것이 정말 쉬운 일이다

정말 어려운 일은

남의 충고를 받아들이는 일

말한 것을 실천하는 일

내 탓으로 돌리는 일

관점을 바꾸는 일

약속을 지키는 일

재미없는 말을 끝까지 들어주는 일

어려운 것을 쉽게 말하는 일이다

자신이 없는 증거

목소리가 커지는 것
증거를 대라고 하는 것
말이 빨라지는 것
자랑이 많은 것
어깨에 힘을 주는 것
거울을 자주 보는 것
지갑을 자주 열어보는 것
자존심을 내세우는 것
자주 삐지는 것
반드시 이기려고 하는 것
눈길을 맞추지 못하는 것
이런 사람은 겁낼 것 없다
이미 자신을 잃은 사람이니까

함부로 해서는 안 되는 일

남의 말을 하는 일

남의 감정을 해석하는 일

남의 작품을 비평하는 일

남을 판단하는 일

부탁하지도 않았는데 끼어드는 일

남에게 충고하는 일

술 마시고 약속하는 일

남을 평가하는 일

힘든 이유

우리를 힘들게 하는 것은

상대의 행동이 아니라

그것에 대한 의견 때문이다

우리를 괴롭히는 것은

한 마리 모기가 아니라

그것을 참지 못하는 가벼움 때문이다

우리를 슬프게 하는 것은

친구의 죽음이 아니라

우리도 죽는다는 사실 때문이다

우리를 불행하게 하는 것은

삶의 고통 때문이 아니라

우리가 고통의 의미를 모르기 때문이다

소멸

불평은 받아줌으로써 없어지고
미움은 용서함으로써 없어지고
아픔은 들어줌으로써 없어지고
두려움은 맞섬으로써 없어진다

042

다 그렇다

혼자만 힘든 것이 아니다

혼자만 아픈 것이 아니다

혼자만 외로운 것이 아니다

혼자만 두려운 것이 아니다

혼자만 슬픈 것이 아니다

다 그렇다

다만 그저 웃고 있을 뿐이다

그저 말 안 하고 살 뿐이다

다 무죄다

가진 것이 없어도

잘 나지 못해도

아는 것이 별로 없어도

힘들게 살아도

건강하게 살아가는 것만 해도 큰 복이다

살아있는 것이 큰 축복이다

다른 건 다 무죄다

지금 그대로
사랑합니다

순진한 사람

법 없이도 살 수 있는 사람이라는 말을 들을 것인가
가슴 속에 하고 싶은 말을 억지로 누르면서 살 것인가
밤늦게 한잔 하자는 친구의 전화를 받고 나갈 것인가
어려움에 처한 사람을 보면 무조건 도와줄 것인가
남의 기대를 채우기 위해 무조건 노력할 것인가
친구가 돈을 빌려달라고 하면 거절 못해 빌려줄 것인가
당신이 그런 사람이라면 너무 아프게 살아야 한다

바꿀 수 없는 것과 있는 것

일어난 사건은 바꿀 수 없지만
그 사건을 보는 시각은 바꿀 수 있다
바람의 방향은 바꿀 수 없지만
돛의 방향은 바꿀 수 있다
다른 사람의 행동은 바꿀 수 없지만
나의 태도는 바꿀 수 있다
늙어가는 것은 바꿀 수 없지만
인격의 깊이는 바꿀 수 있다
삶의 길이는 바꿀 수 없지만
삶의 질은 바꿀 수 있다
바꿀 수 있는 것이 많다는 것이 나를 기쁘게 한다
바꿀 수 없는 것이 많다는 것이 나를 성숙하게 한다

아는 사람은
말하지 않는다

도(道)를 아는 사람은

도를 말하지 않는다

바다를 아는 사람은

바다를 말하지 않는다

산을 아는 사람은

산을 말하지 않는다

자신을 아는 사람은

자신을 말하지 않는다

신을 아는 사람은

신을 말하지 않는다

침묵의 힘을 아는 사람도

말하지 않는다

일탈을 꿈꾸는 중년에게

그대 일탈을 꿈꾸고 있나요?
한 가지만 하세요
계속 꿈만 꾸든지 한번 해보든지

그대 아직도 일탈을 꿈꾸고 있나요?
한 가지만 하세요
몸으로 뜨겁든지 마음으로 깊든지

그대 정말로 일탈을 꿈꾸고 있나요?
한 가지만 하세요
모든 사람을 잠시 속이든지
한 사람을 영원히 속이든지

너무 하지 마세요

다른 사람 이야기 너무 하지 마세요

당신은 아는 사람이지만 나는 그 사람 몰라요

자식 자랑 너무 하지 마세요

내세울 것 없는 사람도 있어요

마누라 자랑 너무 하지 마세요

나는 아침밥도 못 얻어먹어요

군대 이야기 너무 하지 마세요

당신은 신나겠지만 나는 프로축구도 안 봐요

재미없는 이야기 너무 하지 마세요

나는 재미있는 드라마도 안 보는 사람입니다

있는 자랑 너무 하지 마세요

이 자리 술 값 계산하면 한번만 봐줄게요

정말 궁금한 것

옛날 짜장면은 정말 맛있었을까

옛날 아이들은 정말 버릇이 있었을까

첫사랑을 다시 만나면 정말 가슴이 뛸까

그 시절로 돌아가면 정말 후회하는 일이 없을까

깨달은 사람은 정말 흔들리지 않을까

050

그렇구나

여백이 있어야 그림이 되지

쉼표가 있어야 음악이 되지

뿌리가 있어야 나무가 있지

휴식이 있어야 노동이 있지

고통이 있어야 성장이 있지

불행이 있어야 행복이 있지

이별이 있어야 만남이 있지

죽음이 있어야 삶이 있지

선택

영희는

짬뽕 시키면 짜장면 못 시킨 것을 후회하고

짜장면 시키면 짬뽕 못 시킨 것을 후회해서

결국 짬짜면 먹었다

철수는

소주 마시면 맥주 마시고 싶고

맥주 마시면 소주 마시고 싶어

결국 소맥으로 마셨다

지금 그대로
사랑합니다

행복이란

행복이란 무엇인가요

기분 좋게 사는 것 아닌가요

행복이란 무엇인가요

가진 것에 만족하며 사는 것 아닌가요

행복이란 무엇인가요

많이 웃는 것 아닌가요

행복이란 무엇인가요

부질없는 욕망을 버리는 것 아닌가요

행복이란 무엇인가요

내가 행복하다고 생각하면 되는 것 아닌가요

053

너무 착하게 살지 마라

인간성이 좋다는 말을 듣고 싶은가

그 말은 당신은 아무렇게나 대해도 좋다는 뜻이고

법 없이도 살 사람이란 말을 듣고 싶은가

그 말은 당신에게는 법대로 하지 않아도 된다는 뜻이고

모든 사람에게 사람 좋다는 말을 듣고 싶은가

그 말은 당신은 자신의 생각대로 한번도 살 수 없다는 뜻이다

착하게 사는 것은 좋지만

너무 착하게만 살면 당신의 삶이 없다

중용의 지혜

사람들에게 친절하게 대하세요

그러나 그들의 비위를 맞추려고 하지 마세요

사람들에게 도움을 주세요

그러나 당신 스스로를 먼저 도우세요

사람들에게 웃음을 선사하세요

그러나 어릿광대는 되지 마세요

사람들을 당신이 원하는 대로 설득하세요

그러나 그들이 스스로 움직였다고 느끼도록 하세요

사람들의 잘못이 있으면 지적하세요

그러나 그들이 못난 사람이라는 생각이 들지 않게 하세요

사람들의 좋은 점을 칭찬하세요

그러나 그들이 오만해질 정도로는 하지 마세요

항상 그럴 수는 없다

남이 부탁하면 들어주어라

그러나 다 들어줄 수는 없다

남에게 친절하게 대하라

그러나 항상 그렇게 할 수는 없다

남에게 부드럽게 대하라

그러나 항상 웃을 수는 없다

남의 이야기를 잘 들어주어라

그러나 항상 시간이 허락하는 것은 아니다

남의 어려운 점을 잘 들어주어라

그러나 내가 항상 해결해 주어야 하는 것은 아니다

056

마음의 성숙도

술도 비슷한 사람끼리 마셔야 즐겁고

말도 비슷한 사람끼리 해야 통하고

유머도 비슷한 사람한테 해야 뻥 터지고

먼 길도 비슷한 사람과 함께 가야 오래 가고

사랑도 비슷한 사람끼리 해야 오래 깊어진다

마음의 성숙도가 비슷해야 즐겁고 오래 간다

잘 주는 방법

책을 줄 때는 읽을 만한 사람한테 주고

술을 줄 때는 마실 만한 사람한테 주고

가르쳐줄 때는 배울 준비가 된 사람에게 주고

정을 줄 때는 받아줄 만한 사람에게 주고

충고를 해줄 때는 받아들일 준비가 된 사람에게 해주고

돈을 빌려줄 때는 그 돈을 갚지 않아도 될 만한 사람에게만

빌려주세요

화를 내는 이유

화를 내는 이유는
자신이 수용할 수 없다는 것이고
상대가 나와 다르다는 것을
인정하지 못하는 것이고
받은 상처를 가리기 위해
상대에게 책임을 넘기는 것이다
또한 분노의 불길이 상대보다 자신을
먼저 태운다는 것을 모르는 것이고
화를 낼수록 상대는 마음의 문을
닫는다는 것을 모르기 때문이고
화를 내면 자신의 화난 이유가
더 잘 전달될 것이라고 생각하기 때문이다

지금 그대로
사랑합니다

059
적당한 거리

고향에서 성인 없고 친구에게 영웅 없다

공자도 예수도 석가도 그랬다

가까이 있어야 할 사이가

멀리 떨어져 있는 것도 안 좋지만

떨어져 있어야 할 사이가

너무 가까워지는 것도 좋지 않다

너무 가까이 있어서 존경받을 사람 없고

너무 멀리 있어서 정 날 사람 없다

적당한 거리에서 적당히 알고 지내야

관계가 오래 가고 깊어진다

연인도 친구도 부부도 그렇다

누군가에게

누군가에게
향기를 보내려면 내가 먼저 꽃이 되어야 하고
사랑을 주려면 나 자신을 먼저 사랑해야 한다
누군가에게
위로가 되려면 내가 먼저 아파봐야 하고
감동을 주려면 내가 먼저 가슴이 뛰어야 한다
누군가에게
노래를 들려주려면 내 마음은 이미 노래를 하고 있어야 하고
춤을 추려면 내 마음은 이미 춤을 추고 있어야 한다

나에게 있는 것, 내가 경험해 본 것만
누군가에게 줄 수 있다

스스로 깨닫기 어려운 이유

자신의 의식수준 만큼만
자신과 세상을 인식할 수 있다
무지하다는 것을 깨닫기 위해서는
무지에서 벗어나야 하고
현명하지 못하다는 것을 알기 위해서는
현명해야 하고
감성이 메말라 있다는 것을 알기 위해서는
감성이 풍부해야 하고
잘못된 길을 가고 있다는 것을 알기 위해서는
지금 바른 길 위에 있어야 하기 때문이다

당신의 잘못

당신이

씻지도 않고 소파에 쓰러져 자더라도

이유도 모른 채 화를 내더라도

과음하여 비틀거리더라도

아무 말도 없이 식사를 하더라도

그건 당신 잘못이 아니에요

당신이 얼마나 힘들어 하는지 알고 있어요

하지만

양말을 벗은 채 거실에 두는 것

몇 달째 거실 형광등을 안 갈아주는 것

집에 들어와서 TV만 보다가 자는 것

내 생일도 모르고 지나가는 것

그건 당신 잘못이에요

당신이 조금만 신경 쓰면 되는 일이잖아요

관점을 바꾸면

그들은 나에게 상처를 주지 않았다
그들의 말에 내가 상처를 받았다고 느꼈을 뿐이다
그들은 나를 거절하지 않았다
그들은 나의 요구에 응하지 않았을 뿐이다
그들은 나를 업신여기지 않았다
내가 나의 부족한 부분을 돌아보았을 뿐이다
그들은 나의 말을 무시하지 않았다
그들이 나와 생각이 달랐을 뿐이다
그들은 나를 버리지 않았다
그들이 나에게 더 이상 매력이 없다는 것을
알았을 뿐이다
그들은 변하지 않았다
그들이 본래 그런 사람이었는데
내가 지금 알았을 뿐이다

새소리를 듣고

이른 아침 옆집에서 닭 우는 소리에 잠을 깬다
더 이상 닭 우는 소리는 들리지 않는다
압력밥솥에서 추가 힘차게 운다
폰에서 알람이 몇 번 울다 그친다
우는 소리는 짧게 끝이 난다

아침 숲에서 뻐꾸기가 노래한다
참새도 노래하고
삐삐새 노래 소리도 들린다
뻐꾸기는 아직도 노래하고 있다
노래 부르는 소리는 길다

나도 그렇게 살고 싶다
짧고 울고 길게 노래하고 싶다

065

숲 속에서

숲길에 사람이 걸어오고 있었다
표정이 굳은 사람이었다
나도 굳은 표정으로 걸었다
짧은 거리가 길게 느껴졌다

그 사람이 나에게 인사를 하며 지나갔다
어색한 답례는 했지만 마음이 편안하지 못했다
다시 보니 표정이 굳은 사람이 아니었다
굳은 것은 내 마음이었다
빨리 도망치고 싶었다

부부싸움

부부싸움은 사랑의 종말이 아니더라
다시 잘해보자는 것이더라

부부싸움은 일방과실이 아니더라
쌍방과실이더라

부부싸움은 빨리 화해하는 것이 중요하더라
오래가면 서로가 다치더라

부부싸움은 두 얼굴이더라
잘만 하면 깊어지지만 잘못하면 갈라서는 것이더라

두려운 것

소중한 물건은

나도 모르게 잃을까 두렵고

아끼는 물건은

나도 모르게 해칠까 두렵고

두려운 곳은

나도 모르게 갈까 두렵고

위험한 물건은

나도 모르게 가지고 장난칠까 두렵고

높은 자리에 있는 사람은

나도 모르게 욕보일까 두려우니

그런 물건 그런 사람은

곁에 두지 않는 것이 행복이다

지금 그대로
사랑합니다

068

말이란

말이란
하기 좋고 듣기도 좋아야 하고
내용이 있으면서 재미도 있어야 한다
향기가 묻어나면서 울림도 있어야 하고
말할 때와 그칠 때를 알아야 한다
말을 잘하는 것도 중요하지만
잘 말하는 것이 더 중요하고
잘 듣는 것도 중요하지만 잘 듣게 하는 것도 중요하다
해서 좋을 말이 아니면 안 하는 것이 더 낫고
어렵게 말하는 것보다 쉽게 말하는 것이 더 낫다
할 수만 있다면 거짓말은 안 하는 게 낫고
길게 말하는 것보다 짧게 말하는 것이 더 낫다

좋은 관계란

좋은 관계란

같이 있으면

즐겁고

편안하고

배울 것이 있고

내가 더 잘 나 보이고

그 사람을 위해서라도

내가 더 잘 살아야겠다고

생각이 드는 것이다

그 사람에게 지금 전화하세요

그 사람을 놓치지 마세요

그 사람의 행동

생각만 한다고 해서 그렇게 행동하는 것이 아닙니다
평생 생각만 가지고 살다가 죽는 사람이
얼마나 많은가요
생각에서 행동까지의 거리는
서울에서 평양까지의 거리입니다

좋은 생각을 가졌다고 해서
좋은 사람이 되는 것이 아닙니다
나쁜 생각을 한다고 해서
나쁜 사람이 되는 것도 아닙니다
행동하지 않으면 아무 의미가 없습니다

말로써 그 사람을 판단하지 마세요
그럴 듯한 말은 포장지에 불과합니다
그 사람의 행동이 그 사람의 알맹이입니다

다섯 가지 질문

마음이 괴로워 그 분에게 다섯 가지 질문을 했다
마음의 주인이 누구냐고 물었더니
자기 자신이라고 한다
자신의 것인데도 자신의 마음대로 되지 않는 것이라고 한다
자신이 마음의 주인이 되는 것,
자신의 마음을 찾는 것이 진정한 공부라고 한다

인연이 어떻게 만들어지는지 물었더니
자신이 할 수 있는 것은 약간 뿐
대부분은 주위의 도움으로 이루어진다고 한다

그래도 실망하지 말라고 한다
차의 핸들이 크기는 작지만
차를 내 마음대로 움직이는 것과 같다고 한다

사람의 운명이 정해진 것인지
바꿀 수 있는 것인지 물었더니
태어날 때부터 정해진 숙명은 바꿀 수 없지만
생각이 바뀌면 운명도 바뀐다고 한다
생각의 차이가 운명을 바꿀 수 있으니
생각이 곧 운명이라고 한다

분별심은 내려놓고 분별력은 높이라고 하여
차이가 무엇이냐고 물었더니
분별심은 차별하는 마음이고
분별력은 차이를 아는 것이라고 한다
세상의 시비는 분별심에서 오고
그 시비에서 벗어나게 해주는 것이 분별력이라고 한다

삶과 죽음이 다르지 않다고 해서
죽음이 정말 두렵지 않느냐고 물었더니
단호하게 아니라고 한다
죽음의 본질을 아는 사람은 두려워하지 않는다고 한다
이것을 아는 것이 가장 큰 공부인데
사람들은 이런 공부를 소홀히 한다고 한다

그 분의 말씀을 들으니
마음속의 먹구름이 걷히고
맑은 햇살이 비치네
그래도 내 마음 속에 한 조각 구름 떠있네
삶의 본질은 알아도 죽음의 본질은 아직도 헷갈리네
내 마음 속의 구름 언제 다 걷힐까

072
누구나 하는 것

누구에게나 있는 것은 나쁜 것이 아니다
질투심
게으름
두려움
욕정
이런 마음은 누구에게나 있는 것이다
이것을 가지고 있는 것이 부끄러운 일이 아니라
잘못 사용하는 것이 부끄러운 일이다

누구나 겪어야 하는 것은 무서운 것이 아니다
고통
실패
늙음
죽음
이런 것들은 누구나 겪어야 하는 것이다
이것을 경험하는 것이 무서운 일이 아니라
의미를 모르고 살아가는 것이 무서운 일이다

073

나이를 먹는다는 것

근육만 물러지는 것이 아니라
마음이 부드러워져야 한다는 의미다

이마의 주름만 늘어나는 것이 아니라
삶의 경륜도 함께 늘어나야 한다는 의미다

어깨만 구부러지는 것이 아니라
어깨의 힘도 빼야 된다는 의미다

줄여야 할 것이 밥만이 아니고
말과 욕심도 줄여야 한다는 의미다

내가 할 말이 많아지는 것이 아니라
나의 말을 듣고 싶은 사람이 많아져야 한다는 의미다

나에게 행복한 일이 많아야 하는 것이 아니라
나에게 불행한 일이 적어야 한다는 의미다

나는 알았다

세상을 살아오면서 학교에서 배운 지식이
큰 힘을 발휘하지 못한다는 사실을 알았다

참 공부는 지식이 아니라
지혜라는 것을 알았다

지식이 사람을 부유하게 해줄 수는 있지만
행복하게 해줄 수는 없다는 것을 알았다

지식은 가르칠 수도 배울 수도 있지만
지혜는 가르칠 수는 없지만 배울 수는 있다는 것을 알았다

지식이 부족해서 불행한 사람은 적지만
불행한 사람들은 대부분
지혜가 부족한 사람이라는 것을 알았다

지식은 잊어버리기 쉽고 유효기간이 짧지만
지혜는 잊혀지지 않으며 유효기간이 없다는 것을 알았다

그런데도 사람들은 지식을 위한 공부는 많이 하지만
지혜를 위한 공부는 별로 하지 않는다는 것을 나는 알았다

알면서도

삶에는 기쁨과 고통이 함께 있다는 것을 알면서도
자신의 삶에는 기쁜 일만 일어나기를 바란다

소나기가 쏟아질 때는 곧 그친다는 것을 알면서도
우리에게 불행이 찾아오면 계속 될 것처럼 생각한다

화를 내면 후회할 줄 알면서도
그 순간을 참지 못하고 화를 낸다

누구나 세상을 바꿀 수 없다는 것을 알면서도
자신을 바꿀 생각은 하지 않는다

선택이 항상 최선일 수는 없다는 것을 알면서도
자신의 선택을 후회하며 살아가고 있다

타인에게 항상 너그러울 수 없다는 것을 알면서도
타인은 항상 나에게 너그럽기를 바란다

자신이 쉽게 바뀌지 않는다는 것을 알면서도
자신은 타인을 바꿀 수 있을 것이라 생각한다

우리가 상대에게 던지는 말이
얼마나 큰 영향을 끼치는지는 알면서도
자신에게 던지는 말이
인생에서 얼마나 큰 영향을 끼치는지는 모른다

삶의 모순

첫사랑은 이루어지지 않고

보고 싶은 친구는

동기회에 나오지 않는다

든 것이 많은 사람은 말이 없고

든 것이 없는 사람이 말이 많다

돈이 많은 사람은 돈을 쓰지 않고

돈이 없는 사람이 돈을 쓴다

행복을 논하는 사람은 행복한 사람이 아니고

행복한 사람은 행복을 논할 필요가 없다

청년은 놀 돈이 없고

중년은 놀 시간이 없고

노년은 놀 힘이 없다

정말 필요한 것들은 다 구하기 쉬운 것들이고

필요하지도 않은 것들이 구하기도 어렵고 비싸다

해석의 차이

아침에 네 개 주고 저녁에 세 개 주면 안 좋은 것이고

아침에 세 개 주고 저녁에 네 개 주면 좋은 것인가

여대생이 술집에서 알바하면 안 좋은 것이고

술집 아가씨가 대학에서 공부하면 좋은 것인가

기도 중에 담배를 피우면 안 좋은 것이고

담배를 피우면서 기도하면 좋은 것인가

명상하는 중에 졸면 나쁜 것이고

졸면서 명상하면 좋은 것인가

우리는 같은 것을 보고 다르게 해석한다

행복은 세상과 사람에 대한 해석이다

해본 것만 할 수 있다

우리가 여기서 한번도 해보지 못한 것은

저기서도 할 수 없다

수영을 하지 못하는 사람은

꿈에서도 수영을 하지 못하고

사랑을 해보지 못한 사람은

꿈속의 사랑에서도 결정적인 순간에 깨고

오늘을 빛나게 보내지 못한 사람은

내일도 어둡게 보낼 것이고

살아서 천국을 누리지 못한 사람은

죽어서도 천국을 누리지 못할 것이다

어떻게 살아갈까

꽃샘추위에 할미꽃은 어떻게 견뎠을까

달팽이는 어떻게 아스팔트를 건넜을까

벌레들은 지난 겨울을 어떻게 보냈을까

밤새 내린 비에 새들은 어떻게 잤을까

뻐꾸기는 벌레를 먹고 노래하는 걸까

힘차게 내리는 빗소리에 나도 힘을 내어본다

맑은 새소리에 나도 노래를 불러본다

이 땅에 살아있는 것들이 오늘도 무사하길!

080
최고의 공덕

좋은 사람 나쁜 사람 따로 있는 것이 아닙니다

내가 좋은 사람이면 좋은 인연,

나쁜 사람이면 나쁜 인연입니다

세상에 좋은 것, 나쁜 것이 따로 있는 것이 아닙니다

내가 좋게 받아들이면 좋은 것,

나쁘게 받아들이면 나쁜 것입니다

만날 인연은 굳이 애쓰지 않아도 만나게 되어 있고

만나지 못할 인연은 아무리 애를 써도

만나지 못하는 것입니다

맺지 못할 인연에 연연하지 말고

맺은 인연에 잘 해주는 것이

내가 할 수 있는 최고의 공덕입니다

3할의 여유

여백이 있어야 그림이 살고
쉼표가 있어야 노래를 부를 수 있다
말을 할 때 3할의 여유를 둬야
상대가 나에게로 다가오고
화를 낼 때도 3할의 여유를 둬야
상대가 다치지 않는다

3할의 여유는
나의 말을 작게 만드는 것이 아니라
더 큰 울림이 있도록 한다
할 말 다하면 상대가 넘치고
화 다 내면 내가 넘친다
넘치는 것은 결국 내가 쓸어 담아야 하니
넘치기 전에 조절할 일이다

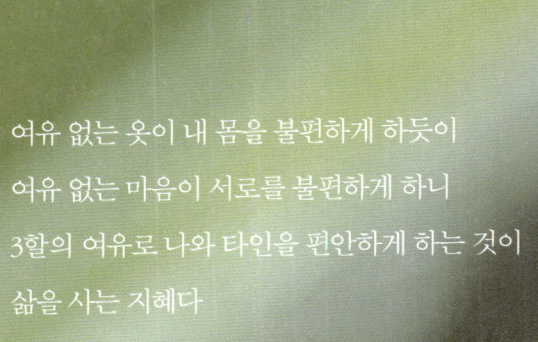

여유 없는 옷이 내 몸을 불편하게 하듯이

여유 없는 마음이 서로를 불편하게 하니

3할의 여유로 나와 타인을 편안하게 하는 것이

삶을 사는 지혜다

문제를 모르는데

하고 싶은 것을 하면서 사는 사람이 얼마나 될까
하고 싶은 것이 무엇인지 아는 사람이 얼마나 될까
문제를 모르는데 어떻게 답을 찾을 수가 있을까

잘 할 수 있는 것을 하면서 사는 사람이 얼마나 될까
잘 할 수 있는 것이 무엇인지 아는 사람이 얼마나 될까
나를 모르는데 어떻게 답을 구할 수가 있을까

우리는 돈을 잃어버리면 금방 알고서 찾으려고 하지만
정말 소중한 것을 잃어버리고도 태연하게 살아간다
무엇이 소중한지 모르는데
어떻게 잃어버린 것을 알 수 있을까

우리가 살아가면서 답을 찾아야 하는 3가지 질문은
내가 정말 하고 싶은 것은 무엇인가
내가 정말 잘 할 수 있는 것은 무엇인가
나에게 정말 소중한 것은 무엇인가 이다
이 질문에 금방 대답할 수 있는 사람은 별로 없다
행복한 삶을 살아가려면 반드시 자신의 답을
찾을 수 있어야 한다

어디를 쳐야 하는가

수레가 안 가면
수레를 쳐야 하는가
소를 쳐야 하는가

상대가 나를 속이면
상대가 어리석은 사람인가
내가 어리석은 사람인가

상대가 나를 버리면
상대가 나쁜 사람인가
내가 매력이 없는 사람인가

세상살이가 힘들면
세상을 원망해야 하는가
자신을 원망해야 하는가

084
기다림

세상에 존재하는 것은 다 의미가 있다
그 의미를 다 모르고 있을 뿐

세상에 존재하는 것은 다 쓰임이 있다
지금 당장 쓰이지 않을 뿐

화려한 꽃나무도 나목인 시절이 있었고
아직 피지 않은 꽃은 한 번은 화려하게 필 것이다

우리도 존재의 의미를 알면 쓰임을 알게 되고
쓰임을 알면 그때를 기다릴 줄도 알아야 한다

언젠가는 나의 꽃도 화려하게 피어나고
당신의 꽃도 아름답게 필 것이다

사람답게 사는 길

살아가면서 꼭 기억해야 할 것이 무엇인지
제자가 스승에게 물었습니다
사람답게 사는 것이라고 스승은 대답했습니다
수행자는 수행자답게
왕은 왕답게
신하는 신하답게
아버지는 아버지답게
어머니는 어머니답게
스승은 스승답게
군인은 군인답게
사는 것이라고 했습니다
사람답게 사는 것이 그렇게 어려운 것인가요
말은 말답게
새는 새답게

호랑이는 호랑이답게

장미는 장미답게

대나무는 대나무답게

다른 존재들은 다 그렇게 살고 있잖아요

도반 (道伴)

밥을 같이 먹는다는 것
술을 같이 마신다는 것
아무하고나 할 수 없다
마음을 열 수 있어야 한다

삶의 길은 배움의 길이다
배움의 길을 같이 갈 수 있는 도반은
아무하고나 할 수 있는 것이 아니다
서로에게서 배울 수 있는 사람이어야 한다

도반의 길을 가는 사람은
친구가 될 수도 있고 스승이 될 수도 있다
평생 살아갈 부부가 도반이 될 수 있다면
최고로 아름다운 관계가 된다

공수표

우리가 무심코 인사하면서 내뱉는 말

다음에 소주 한잔 하자

다음에 밥 한번 같이 먹자

다음에 한번 보자

다음에 연락할게

다음에 잘할게

다음에 해줄게

이렇게 기한이 없는 약속은 약속이 아닙니다

다음은 결코 오지 않는 시간입니다

친구야 미안하다!

여보 미안해!

그동안 내가 너무 많은 공수표를 날렸구나

작은 차이 큰 결과

관심과 간섭

사랑과 집착

자존심과 자존감

다른 것과 틀린 것

외로움과 고독

분별심과 분별력

마음을 내려놓는 것과 마음이 떠나는 것

진지한 것과 심각한 것

이 둘을 구분하는 지혜와

행동으로 옮기는 작은 용기가

삶을 크게 바꾼다

같은 것을 보면서도

같은 사과를 보면서도

뉴턴은 만유인력의 법칙을 생각했고

스티브 잡스는 회사의 로고를 생각했고

과일가게 주인은 팔아야 할 상품으로 보았고

애주가는 맥주 안주로 생각했고

미대생은 그려야 할 작품으로 보았고

윌리엄 텔은 반드시 명중시켜야 할 표적으로 보았다

같은 것을 보고도 생각은 다 다르다

사람 수 만큼이나 많은 세계

지금 그대로
사랑합니다

하나를 얻으면 하나를 잃는다

울타리 안의 닭은
먹이를 얻었지만 자유를 잃었고
새장 밖으로 나온 새는
먹이는 잃었지만 자유를 얻었다

차를 산 사람은
속도를 얻었지만 걷는 여유를 잃었고
스마트 폰을 산 사람은
정보를 얻었지만 사유를 잃었다

사탕을 좋아하는 사람은
달콤함을 얻었지만 튼튼한 치아를 잃었고
늦잠을 자는 사람은
침대의 아늑함은 얻었지만
자기만의 충만한 시간을 잃었다

총합은 같다

운동으로 보낸 시간이 적은 사람은
병원에서 보내야 하는 시간이 많고
사색하며 보낸 시간이 적은 사람은
자신을 모르고 살아야 하는 시간이 많다
대화로 보낸 시간이 적은 사이는
갈등으로 보내야 하는 시간이 많고
공부하며 보낸 시간이 적은 사람은
길을 헤매며 보내야 하는 시간이 많고
사랑으로 보낸 시간이 적은 사람은
후회하며 보내야 하는 시간이 많다

진정한 실패

넘어지는 것이 실패가 아니다
넘어진 곳에서 일어나지 못하는 것이 실패다

첫 번째 화살에 맞는 것이 실패가 아니다
두 번째 화살에 맞는 것이 실패다

사랑하는 사람과 이별하는 것이 실패가 아니다
이별이 두려워 사랑하지 못하는 것이 실패다

성공하지 못하는 것이 실패가 아니다
원하는 삶을 살지 못하는 것이 실패다

지갑이 빈 것이 실패가 아니다
정신이 빈곤한 것이 진정한 실패다

감옥을 만드는 마음

사람들로부터 인정받고 존중받고 싶은 마음

생각한 것을 행동한 것으로 착각하는 마음

생각하는 것을 행동으로 옮기지 못하는 마음

지금 여기에 있지 못하고 과거와 미래를 오가는 마음

나보다 잘 난 사람을 질투하는 마음

사랑하는 사람을 소유하려는 마음

다른 사람들의 말에 쉽게 흔들리는 마음

즐거운 것을 적당할 때 그치지 못하고 끝까지 가려는 마음

가진 것의 소중함을 모르고 가지지 못한 것에 집착하는 마음

다른 사람과의 차이와 다름을 인정하지 못하는 마음

이런 것들이 감옥을 만드는 마음이다

탈출하는 방법은 스스로 자신을 깨고 나오는 것 뿐이다

무모한 생각

세상을 바꿀 수 있다는 생각

상대를 바꿀 수 있다는 생각

배우지 않고 세상을 살 수 있다는 생각

비우지 않고 행복해질 수 있다는 생각

땀 흘리지 않고 잘 살 수 있다는 생각

뿌리지 않고 거둘 수 있다는 생각

나를 사랑하지 않으면서 사랑을 받을 수 있다는 생각

고통 없이 기쁨을 얻을 수 있다는 생각

스스로 돕지 않으면서 하늘이 도울 거라는 생각

이런 무모한 생각에서 벗어날 때 하늘도 돕는다

본래 있는 것

장미는 가시가 있고
대나무는 마디가 있다
벌은 침이 있고
전갈은 독이 있다
마음에는 번뇌가 있고
삶에는 고통이 있다
본래 있는 것을 없애려고 하면
더 큰 고통이 오고
본래 면목을 받아들이면
마음의 평화가 온다

지금 그대로
사랑합니다

096
나의 세계

부처의 눈에는 부처만 보이고
돼지의 눈에는 돼지만 보인다
땅꾼의 눈에는 뱀만 보이고
심마니의 눈에는 산삼만 보인다
선한 사람에게는 선한 사람만 보이고
악한 사람에게는 악한 사람만 보인다
내가 생각하는 대로 보게 되며
생각하는 크기만큼만 볼 수 있다
내가 생각하는 것이 나를 만들며
생각하는 세계가 나의 세계다

슬퍼하지 마세요

웃을 때가 있으면 울 때도 있고
사랑을 주는 사람은 눈물도 주고
이별이 있기에 사랑이 아름답다는 것을 알았다면
그렇게 슬퍼하지는 않았을 것입니다

미워하는 마음이나 좋아하는 마음이나
질투하는 마음이나 부러워하는 마음이나
뿌리가 하나라는 것을 알았다면
그렇게 힘들지는 않았을 것입니다

슬픔이나 기쁨은 반드시 끝이 있고
좋은 것이 있으면 안 좋은 것이
반드시 있다는 것을 안다면
불행이나 죽음이 오더라도
슬퍼하거나 놀라지 않을 겁니다

연하장

한해가 다 저물기 전에
가슴에 남아있는 친구들
100명에게 내 마음을 전했다
항상 건강하고 행복하라고
새해에는 하는 일 잘 되고 복 많이 받으라고

일주일도 안 돼 바람 빠진 풍선처럼 되었다
답장 세 통, 전화 일곱 통
내 흥에 내가 겨워 보냈는데 왜 이렇게 힘이 빠지는 걸까

답례 없는 인사를 계속할 수 있을까
다시 생각해보는 나의 마음
도둑맞은 내 마음 대답이 없다

오직 지금뿐

꽃이 피는 것을 보고
질 것을 생각하지 말고
봄 꽃을 보면서
가을 국화를 생각하지 말고
여름 바다를 보면서
겨울 바다를 그리워 마세요

지금 만나는 사람 앞에서
다른 사람 이야기 하지 말고
오늘을 살면서
내일을 걱정하지 마세요
지금 여기서 하는 일에
온몸을 던지세요

지금 그대로
사랑합니다

지금 그대로
사랑합니다

100

상대의 생각이 맞다

내가 비교하지 않았어도

상대가 그렇게 들었다면 그런 것이고

내가 무시하지 않았어도

상대가 그렇게 느꼈다면 그런 것이다

내가 따분하다고 말한 적 없어도

상대에게 그렇게 보였다면 그런 것이다

우리는 입으로만 말하는 것이 아니라

표정으로도 말하고 몸으로도 말한다

상대는 귀로만 듣고 눈으로만 보는 것이 아니라

온몸으로 받아들인다

그런 상대가 그렇게 느꼈다면

상대의 생각이 맞다

상대가 원하는 것

상대가 나에게 바라는 것은
"나의 장점을 알아주세요"
"나의 잘못을 잊어주세요"
"나의 존재를 인정해주세요"
"나를 즐겁게 해주세요" 라는 것이고

상대가 나에게 듣고 싶은 말은
"당신은 정말 아름답습니다"
"그건 당신 잘못이 아닙니다"
"당신은 정말 멋진 사람입니다"
"당신과 함께 있으면 즐거워져요" 라는 것입니다

상대의 마음을 아는 것이 그리 어려운 일도

듣고 싶은 말이 그리 많은 것도 아닌데

우리는 왜 그리 상대의 마음을 몰라주고

듣기 좋은 말을 하지 못하는 것일까요

둘 다 맞다

슬프기 때문에 우는 것인가

울기 때문에 슬퍼지는 것인가

즐거워서 웃는 것인가

웃기 때문에 즐거워지는 것인가

얼굴이 예뻐서 하는 짓도 예쁘게 보이는가

하는 짓이 예쁘니 얼굴도 예쁘게 보이는가

운동을 규칙적으로 해서 건강한 것인가

건강하니 운동을 규칙적으로 할 수 있는 것인가

잘 해서 칭찬을 받는 것인가

칭찬을 받아서 잘 하는 것인가

힘을 달라고 기도를 해서 하느님이 들어주신 것인가

기도를 하면서 내가 힘을 얻는 것인가

번뇌를 없애달라는 나의 기도를 부처님이 들어주신 것인가

기도를 하면서 내가 마음을 다스린 것인가

둘 다 맞다

103

화

비가 와서 옷이 젖는 것이 아니라
비 오는 날 쓸 우산이 없어 옷이 젖는 것이다
현실의 사건 때문에 화를 일으키는 것이 아니라
자신이 화를 내기로 선택했기에 화를 내는 것이다
화는 자신의 마음이 강해서 내는 것이 아니라
자신이 받은 상처를 감추기 위한 것이다
화를 내면 자신을 화나게 한 이유가
전달되는 것이 아니라
자신이 옹졸한 사람이라는 사실만 전달된다
화는 내가 먼저 일으켰지만
그 화가 커지면 나를 먼저 태운다

부탁

혼자서 할 수 있으면 혼자 하세요
부탁해서 더 잘 할 수 있으면 망설이지 마세요
부탁하는 것이 부끄러운 것이 아니라
부탁할 사람이 없는 것이 부끄러운 것입니다

함부로 부탁하지 않는 사람도 좋지만
적당한 사람에게 적당히 부탁할 수 있는 사람이 더 좋습니다

부탁해도 도움을 줄 수 없는 사람도 있고
도움을 주는 것을 낙으로 생각하는 사람도 있습니다

당신의 부탁을 들어주는 사람은 고마운 사람입니다
부탁을 들어주지 않는 사람도 나쁜 사람은 아닙니다

다 보여주지 마세요

장점을 다 보여주지 마세요

자랑이 목까지 올라오더라도

침을 꼴깍 삼키고 참으세요

속마음을 다 보여주지 마세요

입장이 곤란할 때는 슬쩍 말을 돌리기도 하세요

약점을 다 보여주지 마세요

쓸데없는 고백은 상처를 줄 수 있어요

모르는 물에는 쉽게 뛰어들지 못하지만

아는 물에는 누구나 함부로 뛰어들어 금방 흐려져요

자신의 날카로움도 숨기세요

아는 산은 높지 않고 아는 물은 깊지 않아요

예쁜 여자도 다 알면 더 이상 예쁘지 않고

훌륭한 사람도 다 알고 나면 존경스럽지 않아요

옳은 말만 하는 사람에게

지나치게 맑은 물에는 물고기가 살지 못하며
옳은 말만 하는 사람에게는 사람이 붙지 않는다
잔소리가 듣기 싫은 것은 그 말이 틀려서가 아니라
옳은 말을 옳지 않은 방식으로 말하기 때문이다
공자도 상갓집 개 취급을 당한 적이 있었다
천하를 주유하면서 옳은 말만 하고 다녔기 때문이다
소크라테스도 사약을 받고 죽었다
옳은 말만 하고 다니며
아테네 사람들을 바보로 만들었기 때문이다
옳은 말을 한 것이 문제가 아니다
옳은 말을 하면서 재미있는 말, 상대가 듣고 싶은 말을
하지 못한 것이 문제다

107

스트레스

스트레스는 다른 사람이 주는 것이 아니라
자기 자신이 만드는 것입니다
스트레스가 해로운 것이 아니라
과도한 스트레스가 해로운 것입니다
스트레스가 우리를 약하게 하는 것이 아니라
적당한 스트레스는 우리를 더 강하게 합니다
스트레스를 많이 받는 사람이 걱정이 아니라
스트레스가 전혀 없는 사람이 더 걱정입니다
스트레스는 피해야 할 대상이 아니라
잘 다루어야 할 대상입니다

마음의 칼

마음의 칼은
누구나 마음에 가지고 있어야 하지만
함부로 빼서는 안 되는 것이다

집 안에 들어온 독사가 무서운 것은
그 모습이 드러날 때가 아니라
숨기고 있을 때다

마음의 칼을 함부로 휘두르는 순간
모습을 드러낸 독사와 같이
처음에는 겁을 먹지만 금방 잡히고 만다

지금 그대로
사랑합니다

모든 것을 할 수는 없다

뷔페에서 모든 것을 먹을 수는 없습니다
당신의 접시에 담은 것을 맛있게 먹으세요

도서관의 책을 다 읽을 수는 없습니다
당신이 고른 책을 정독하세요

모든 사람을 사랑할 수는 없습니다
당신이 사랑하는 사람을 진정으로 사랑하세요

모든 사람에게 중요한 존재가 될 수는 없습니다
당신을 알아주는 사람에게 소중한 존재가 되세요

모든 노래를 다 부를 수는 없습니다
나에게 맞는 노래를 즐겁게 부르세요

자신을 사랑하는 법

땅을 깊게 파려면 넓게 파야 하고
자기를 사랑하려면 타인도 사랑해야 합니다
대부분의 사랑은 타인으로부터 오기 때문입니다
사랑은 상대를 위해서 하는 것이 아닙니다
상대를 사랑하는 것이 자신을 기쁘게 하기 때문입니다

남을 사랑하고 싶다면 먼저 자신을 사랑하세요
누구나 자기가 갖고 있는 것만 줄 수 있습니다
자신을 사랑할 수 없는 사람은 남도 사랑할 수 없습니다
사랑은 지금 있는 그대로를 받아들이는 것입니다
나를 그대로 받아들이는 사람이 남도 그렇게 할 수 있습니다

111

이것만 안다면

삶은 합리적이지 않고
상대는 이성적이지 않다
이것만 안다면
타인에게 겪는 이해할 수 없는 일들에 대해
화를 내지 않을 수 있다

삶은 단기적으로는 불공평하지만
장기적으로는 공평하다
이것만 안다면
세상에서 겪는 억울한 일들에
초연해질 수 있다

인생은 많은 일을 하기에는 너무 짧지만
꿈 하나를 이루기에는 충분히 길다
이것만 안다면
이루지 못한 꿈을 아쉬워하거나
우리가 가진 시간을 낭비하지 않게 된다

당신의 책임

삶에서 일어나는 모든 문제는
자신에게 책임을 돌리세요
당신에게 빌린 돈을 갚지 않는다고 해도
그건 상대의 잘못이 아닙니다
신용이 없거나 갚을 능력이 없는 사람에게
빌려준 당신의 잘못입니다
누군가가 시간 약속을 어겼더라도
그건 상대의 잘못이 아닙니다

애초부터 시간관념이 없는 사람과

약속한 당신의 잘못입니다

출근 시간에 길이 막힌다면

미리 여유있게 나오지 못한 당신의 책임입니다

역경에 처하게 되면 책임을 자신에게 물어야 합니다

그래야 두 번째 화살을 맞지 않습니다

자신의 가치

당신의 매력을 사람들이 몰라준다고 느낄 때가 있습니까

당신의 가치를 세상이 알아주지 못한다고

생각할 때가 있습니까

그래도 세상을 원망하거나 서운하게 생각하지 마세요

현재 당신은 자신의 가치만큼 대가를 받고 있습니다

그 이상도 그 이하도 아닌 딱 그만큼 받고 있습니다

잠시 동안 가치를 모를 수는 있어도

오랫동안 모를 수는 없습니다

한 사람의 눈은 틀릴 수 있어도 많은 사람의 눈은 정확합니다

평생 불우한 삶을 살다간 고흐의 삶을 보세요

지금은 그의 그림 몇 점만 있어도 박물관을 세울 수 있습니다

당신의 가치를 세상이 몰라주는 것을 걱정하지 말고

세상이 알아줄 만한 가치를 만들지 못하는 것을 걱정하세요

114

인생 뭐 별거 있나

살다가 큰 일을 당하면
"인생 뭐 별거 있나" 라고 말하세요
그러면 큰 일도 작은 일처럼 느껴질 겁니다
하지만 작은 일에는 진지하게 대하세요
문제는 작은 일을 소홀히 할 때 터집니다

살다가 나보다 잘난 사람 만나면
"사람 뭐 별거 있나" 라고 말하세요
그러면 기죽을 필요도 없어집니다
하지만 나보다 못난 사람을 만나면 친절하게 대하세요
문제는 못난 사람에게 불친절하게 대할 때 일어납니다

115

이런 부부가 좋다

같이 있으면 즐겁고

혼자 있어도 외롭지 않은 부부가 좋다

서로 가까우면서도 함부로 하지 않고

사랑하면서도 집착하지 않는 부부가 행복하다

주관은 가지면서도 고집하지 않고

의견이 있으면서 강하지 않은 부부가 오래 간다

말하지 않아도 알 수 있고

말하면서 사랑을 확인하는 부부가 아름답다

116

일탈

쾌락을 추구하는 마음은 끝이 없다

세상 불행의 반은 끝까지 즐기려는 마음에서 시작된다

맛있는 음식이라도 적당히 먹으면 숟가락을 놓는 것이 좋고

술자리가 좋아도 반쯤 취했을 때 일어서는 것이 좋다

일탈이 멋으로 보이기도 하지만

계속되면 탈이 난다

설탕을 맛 본 사람은 다음에 반드시 꿀을 찾게 되어 있고

꿀맛을 본 사람은 반드시 타락을 보게 된다

관성의 법칙이 마음의 제동력을 이기기 때문이다

117

의미의 차이

술을 끊는다고 술자리를 끊는다는 의미는 아니다
술을 안 마시고도 얼마든지 술자리를 즐길 수 있다

집착을 버린다고 열정을 포기하는 것은 아니다
왜곡된 열정을 바른 열정으로 변화시키는 것이다

내가 아는 사람이 많다고 인맥이 넓다는 것은 아니다
많은 사람들이 나를 알고 있는 것이 진정한 인맥이다

모래를 강하게 움켜진다고 해서 많이 잡는 것은 아니다
강하게 잡을수록 손가락 사이로 빠져나가는 모래가 많다

행복에 집착할수록 행복한 사람이 된다는 것은 아니다
행복에 집착할수록 더 많은 행복을 놓치게 된다

다수가 같은 생각을 한다고 해서
그 생각이 옳다는 것은 아니다
나의 마음이 흐르는 대로 가는 것이 정답일 때가 있다

낭비

불필요한 물건을 싸게 사는 것

필요한 물건을 비싸게 사는 것

보고 싶은 것도 없는데 채널을 돌려가면서 보는 것

흥미를 느끼지 않는 일에 힘을 쓸데없이 분산하는 것

살까 말까 망설이면서 사는 것

요청하지도 않은 일에 끼어드는 것

꿈을 깬 후 다시 자는 것

사소한 일에 목숨 거는 것

이런 것도 낭비입니다

당신은 이 중 몇 개가 해당됩니까

119
해석 차이

고독하다는 것은 외로운 것이 아니라
혼자 생각할 수 있는 시간이 많다는 것이고

상대가 말이 많다는 것은
내가 잘 들어준다는 뜻이고

아이가 크면서 버릇이 없다는 것은
아이의 자아가 형성되고 있다는 의미이고

상대가 나에게 버릇없이 군다는 것은
나를 그만큼 친하게 생각한다는 뜻이고

상대가 자기 자랑을 많이 하는 것은
그것 외에는 내세울 것이 없다는 의미이다

소통

대화는 상대의 마음을 읽어야 합니다
말이 어눌해도
마음을 움직이는 사람이 있고
말은 유창한데
상대의 심정에 이르지 못하는 사람이 있습니다

대화는 상대의 말을 잘 들어야 합니다
말을 잘하는 사람은 많아도
잘 들어주는 사람은 귀합니다
대화의 주인공은
말을 잘하는 사람이 아니라
잘 들어주는 사람입니다

진정 무엇인가

진정한 자유는
하고 싶은 것을 할 수 있는 것이 아니라
하고 싶지 않은 것을 하지 않아도 되는 것

진정으로 강한 사람은
싸울 때마다 이기는 사람이 아니라
싸우지 않아도 되는 싸움을 하지 않는 사람입니다

진정으로 능력이 있는 사람은
자랑할 것이 많은 사람이 아니라
굳이 자랑할 필요가 없는 사람입니다

고수는 단순하다

조폭 똘마니는 복잡한 문신을 만들지만
두목의 문신은 단순합니다
하수들은 말을 어렵게 하지만
고수는 이해하기 쉽게 말합니다
사기꾼은 말을 복잡하게 하지만
고수는 단순하게 말합니다
아는 길은 빙빙 돌아가지 않습니다
단순하다는 것은 핵심을 안다는 것입니다
단순해지기 위해서는 복잡한 과정을 거쳐야 합니다
그런 과정을 거치지 않은 단순함은
무모함이 될 수도 있습니다
단순한 고수가 가끔 바보처럼 보일 때도 있습니다
그래도 고수는 고수를 알아봅니다

123

이기주의자로 사는 사람에게

이기주의자는 자신을 사랑하는 것 같지만

사랑하는 법을 모르는 사람입니다

이기주의가 비난받는 이유는 자신을 사랑해서가 아니라

자신만 사랑하기 때문입니다

꽃은 벌에게 꿀을 먼저 줍니다

자신의 것을 먼저 줘야 얻을 수 있습니다

우리가 먼저 주지 않으면 받을 수 없습니다

우리가 원하는 사랑과 관대함은 타인으로부터 옵니다

그렇다고 이타주의자로 살아야 된다는 의미는 아닙니다

자기를 먼저 사랑하그 그 다음에

타인도 사랑하고 배려해야 한다는 뜻입니다

그것이 결국 자신을 사랑하는 것입니다

만약에 누군가와 삶을 바꾼다면

만약 신이 당신에게 다음과 같이 물으시고
당신이 원하는 대로 들어주겠다고 하시면
당신은 어떻게 하시겠습니까

당신 어깨의 무거운 짐을 누군가와 바꾸겠느냐
당신이 가진 모든 재산을 누군가와 바꿀 수 있겠느냐
당신의 육체와 영혼을 누군가와 바꿀 생각이 있느냐
당신의 남은 인생을 누군가의 삶과 바꿀 수 있겠느냐

여기에 조건이 있습니다
바꾸는 대상은 지구상에 살고 있는 모든 사람이며
한 번 바꾸면 다시는 당신 원래의 삶으로 돌아갈 수 없습니다
이 질문에 '아니오' 라는 대답이 하나라도 나온다면
당신은 그렇게 힘든 사람이 아닙니다

그냥 이대로 한번 참고 살아보는 것이 좋지 않을까요

당신만 그렇게 살고 있는 게 아닙니다

지금의 힘든 삶이 당신의 인생에서

바닥을 통과하고 있을지도 모르잖아요

당신의 앞날에 행운과 축복을 기원합니다

세상에서 가장 어려운 일

생텍쥐페리는 세상에서 가장 어려운 일은
사람이 사람의 마음을 얻는 일이라고 했습니다

결혼한 지 10년이 넘었지만 아기가 없는 부부는
건강한 아이 하나 낳아 키우는 일이라고 생각할 겁니다

불치병으로 병원에 누워 있는 사람은
건강하게 사는 것이라고 하겠지요

법원에서 이혼수속을 마치고 갈라서는 부부는
행복한 가정을 만드는 일이라고 할 것입니다

거동이 불편한 노인들은
고통 없이 잘 죽는 일이라고 하겠지요

당신이 생각하는

세상에서 가장 어려운 일은 무엇입니까

이미 많은 것들을 했거나

지금 하고 있지는 않습니까

126

진정한 성공이란

당신이 할 수 없는 일을 해낸 것이 성공이 아니라

당신이 할 수 있는 일을 잘한 것이 성공입니다

다른 사람의 찬사를 들어야 성공이 아니라

스스로를 칭찬할 수 있다면 성공입니다

많은 돈을 벌 수 있는 것이 성공이 아니라

많은 사람이 행복할 수 있는 것이 성공입니다

단번에 목적을 달성하는 것이 성공이 아니라

결국 끝까지 해내는 것이 성공입니다

일에서 성공을 하는 것이 성공이 아니라

성공적인 삶을 사는 것이 진정한 성공입니다

남 탓할 것 없다

정치인들 욕할 것 없다
다 당신이 뽑은 사람들이다
마누라, 남편 욕할 것 없다
당신이 사랑으로 선택한 사람이다
노인들 막힌 사람이라 욕할 것 없다
새집도 10년 살면 배수관이 막힌다
요즘 아이들 버릇없다 나무랄 것 없다
언제 아이들 버릇 있은 적이 있었더냐
내 마음 몰라준다고 다른 사람 원망할 것 없다
당신 마음 알아주기 위해 사는 사람 아무도 없다

더 사랑하는 사람이 진다

부부가 싸우고 나면 누가 먼저 사과할까요
잘못한 사람이 먼저 하는 것이 아닙니다
힘이 약한 사람이 먼저 하는 것도 아닙니다
더 사랑하는 사람이 먼저 사과합니다

부모와 자식이 고집을 부리면 누가 이길까요
부모가 자식의 고집을 꺾지 못합니다
부모의 논리가 약해서 그런 것이 아닙니다
자식보다 부모의 사랑이 더 강하기 때문입니다

자기대로 살아가기

웃으면 눈이 작아진다는 이유로 사진을 찍을 때 웃지 않았다
신혼여행가서 찍은 사진이 전부 인상을 쓰고 있었다
이제는 사진을 찍을 때 사진을 다시 안 볼 것 같이 웃는다
얼굴 표정이 많이 밝아졌다

노래방에 가면 잘 부를 수 있는 노래를 불렀다
옛날 노래만 부르게 되었다
이제는 잘 못 불러도 부르고 싶은 노래를 부른다
부를 수 있는 노래가 많아졌다

다른 사람의 부탁을 거절할 줄 몰랐다
내 자신의 존재가 없었다
이제는 마음이 시키는 대로 해도 문제가 없다는 것을 알았다
친구가 부탁을 해도 부담스럽지 않았다

중국집에 가면 주문을 가장 늦게 했다

다른 사람이 시킨 것과 같은 것을 먹게 되었다

이제는 먹고 싶은 것을 가장 먼저 주문한다

맛있는 식사를 할 수 있었다

소망과 욕망

소망이 인간의 참된 바람이라면

욕망은 인간의 부질없는 바람이다

소망은 조용히 타오르고

욕망은 거세게 타오른다

소망은 끝이 있지만

욕망은 끝이 없다

소망은 충족되면 그 기쁨이 오래가지만

욕망은 그것이 충족되더라도 그 기쁨이 오래가지 못한다

스스로 노력해서 얻을 수 있는 것은 소망이고

행운의 여신이 미소를 지어야 얻을 수 있는 것은 욕망이다

소망은 따르는 것이 좋고

욕망은 다스리는 것이 좋다

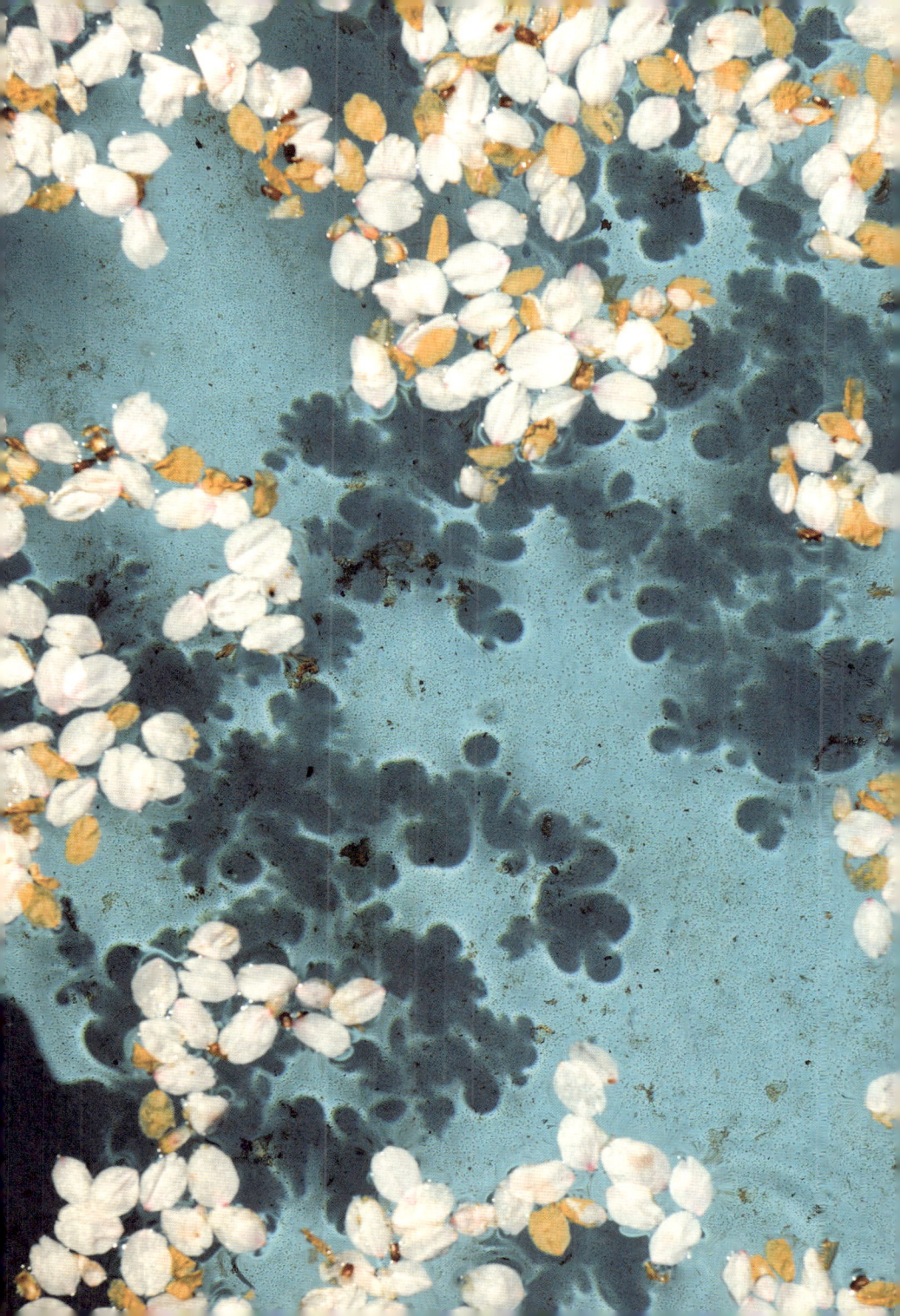

알면서도

우리의 삶에는 기쁨과 고통이 함께 있다는 것을 알면서도
자신의 삶이 고통스러울 때는 한탄한다

소나기가 쏟아질 때는 곧 그친다는 것을 알면서도
우리에게 불행이 찾아오면 이 사실을 모른다

화를 내고 나면 자신이 결국 후회할 줄 알면서도
그 순간을 참지 못하고 화를 낸다

신은 누구에게나 공평한 줄 알면서도
나에게는 불행한 일이 일어나지 않을 것으로 생각한다

우리는 누구나 자신을 바꿀 능력이 있다는 것을 알면서도
자신의 감정을 선택할 능력이 있다는 것을 잊고 살아가고 있다

우리는 선택을 할 때
항상 최상의 선택을 할 수는 없다는 것을 알면서도
자신의 선택을 후회하며 살아가고 있다

우리의 삶이 하룻밤의 꿈인 줄 알면서도
마치 천년을 살 것처럼 살아간다

우리는 자신이 타인에게
항상 너그러울 수 없다는 것을 알면서도
타인은 항상 나에게 너그럽기를 바란다

인간에게 가장 힘든 일은
자신을 변화시키는 것이라는 것을 알면서도
자신이 원하는 대로 타인을 바꿀 수 있을 것이라 생각한다

우리는 상대에게 친절하게 대해야 되는 줄 알면서도
자신에게는 그렇게 하지 못 한다

관심과 간섭

상대가 원하는 일에 끼어드는 것은 관심이지만
상대가 원치 않는 일에 끼어드는 것은 간섭이다

관심은 상대방에 대한 사랑에서 나오지만
간섭은 자기 욕심에서 나온다

관심이 상대를 있는 그대로 존중하는 것이라면
간섭은 상대를 재단하고 바꾸려는 것이다

관심이 상대의 목소리를 듣는 것이라면
간섭은 나의 목소리를 내는 것이다

관심이 지나치면 간섭으로 비춰지고
간섭하지 않는 것이 무관심으로 보이기도 한다

관심은 난초에 물을 주는 것과 같다
물을 너무 적게 주어도 안 되지만
너무 많이 주어도 안 된다
물은 내가 주고 싶을 때 주는 것이 아니라
난초가 물이 필요할 때 주어야 한다

중년이 되면 알아야 할 것

중년이 되면

죽음이란 엄연한 현실이 된다

남은 세월이 결코 길지 않기 때문에

쓸데없는 일에 시간을 쓸 수가 없다

젊은 시절에 가졌던 환상은 포기해야 한다

남에게 일어나는 일은

나에게도 일어날 수 있다

그동안 한번도 일어나지 않았던 일이

오늘 일어날 수도 있다

남에게 들이대는 도덕적 잣대를

자신에게도 동일하게 들이대야 한다

오늘이 남은 날 중에서 가장 젊은 날이라는 것을 알아야 한다

모든 것은 때가 있다

모든 것은 때(時)가 있다
꽃이 필 때가 있고 질 때가 있다
여름에 아무리 강한 바람이 불어도 끄떡없던 잎들이
가을이 깊어가면 가만히 있어도 떨어진다

만날 때가 있고 헤어질 때가 있다
될 인연은 가만히 있어도 만나게 되고
안 될 인연은 아무리 붙잡아도 떠나간다

인생에서 밀물이 있으면 썰물이 있다
밀물 때 할 일이 있고 썰물 때 할 일이 있다
지금 강물이 얕아 큰 배를 띄울 수 없다고 한탄하지도 말고
강물이 불어나기를 기다리는 것도 지혜다

자신의 강물이 언제 불어날지는 알 수가 없지만

때가 되면 비는 오기 마련이고

비가 오면 강물은 불어난다

그 때를 놓치지 말고 큰 배를 띄워보자

지금 그대로
사랑합니다

당신의 매력

새들은 아름다운 소리로 짝을 부르고
꽃은 예쁜 빛깔과 향기로 나비와 벌을 부르는데
당신은 무엇으로 사람들을 부르나요
아름다운 미소인가요
부드러운 카리스마인가요
포복절도할 유머인가요
촌철살인의 언변인가요
아니면 두둑한 지갑인가요
오늘 그걸 잘 챙겨가세요
그러면 그대도 행복하고
그대와 함께하는 사람들도 행복할 것입니다

사랑은

사랑은 2인용 자전거를 타는 것과 같다
뒤에 탄 사람은 자전거가 어디로 가는지 모른다
앞사람은 뒷사람이 가고 싶은 곳을 모른다
소통을 할 때까지는 두 사람의 마음은 하나가 아니다

사랑은 시소를 타는 것과 같다
어느 한 쪽으로 존재감이 기울면 안 된다
한 사람이 힘을 줄 때 상대는 힘을 빼야 한다
두 사람이 같이 힘을 주면 게임은 끝난다

사랑은 롤러코스터를 타는 것과 같다
흥분은 늘 두려움과 함께 온다
익숙해지면 짜릿함도 없다
사랑의 즐거움과 고통의 크기는 같다

한 생각이 부처를 만든다

한 생각이 일어나면서
우리는 부처가 되기도 하고
중생이 되기도 한다
중생들은 스스로 상(想)을 만들지만
부처는 상을 만들지 않는다
부처는 무상(無想)의 진리를 알기 때문이다

중생은 꽃이 피면 좋아하고 꽃이 지면 슬퍼하고
태어나는 것을 기뻐하고 죽는 것을 슬퍼한다
부처의 눈에는 삶과 죽음이 하나이며
꽃이 피고 지는 것도 같은 자연의 법칙일 뿐이다
집착을 하지 않으면 부처가 되는 것이고
집착을 하면 중생이 되는 것이다
이것을 알고 모르는 것이 부처와 중생의 차이다

언뜻 보면 위대한 말이지만

원수를 사랑하라는 말
왜 원수를 만들어놓고 사랑하라고 하나
사랑할 사람이면 처음부터 원수를 안 만들어야지
뿌린 대로 거두리라는 말
문전옥답에 뿌리는 사람도 있고
자갈밭에 뿌리는 사람도 있는데
사람이 죽으면 윤회한다는 말
죽어서 다시 태어난다고 하더라도
전생을 기억하지 못한다면 한 번뿐인 삶이지

139

설득하려고 하지 마세요

저를
논리로 설득하려고 하지 마세요
먼저 진실한 마음을 보여주세요
급하게 설득하려고 하지 마세요
나에게도 생각할 시간을 주세요
드러나게 설득하려고 하지 마세요
내 스스로 결정한 것처럼 하고 싶어요
옛정으로 설득하려고 하지 마세요
그렇게 마음을 돌릴 수 있다면 헤어지는 커플 없어요

제발
나를 설득하려고 하지 마세요
그냥 생각의 차이를 인정하세요
당신은 나를 설득할 수 없어요
당신은 나의 이야기를 아직 듣지 않았어요
제발 내 말을 들으려고 해 보세요
설득의 비밀은 상대의 입을 열게 하는 것입니다

관계

관계를 맺게 하는 것도
관계를 유지하게 하는 것도
관계를 깨게 하는 것도
이해(利害)입니다

좋은 관계를 유지하는 비결은
상대에게 득이 돌아가게 하는 것입니다
돌아갈 득이 없을 때
관계는 깨어져요

이해를 떠난 관계도 있습니다
이런 관계도 내가 가진 것을 주어야 오래 갈 수 있어요

관계를 맺는 데는 두 사람이 필요하지만
관계를 깨는 데는 한 사람만 있으면 됩니다

관계를 쌓는 데는 많은 시간이 걸리지만
관계를 깨는 데는 한 순간이면 충분해요

한 번 깨진 관계를 다시 맺는 것은
깨진 도자기를 다시 붙이는 것만큼 어렵습니다

말 줄이기

적절한 사람에게
적절한 방법으로
적절하게 말한다는 것은 쉬운 일이 아닙니다

말에는 생각이 묻어 있습니다
그 사람의 말이 곧 그 사람의 마음입니다
말을 함부로 쏟아내는 것은 자신의 인격을 함부로 다루는 것
입니다

말수가 부족해서 문제가 있는 경우보다
많은 말로 인해 생기는 문제가 훨씬 더 많습니다
주변에 사람이 줄어든다면 말수를 줄여보세요

생각은 많이 하고 말을 적게 하세요

생각이 떠오르는 것마다 말할 필요는 없습니다

말을 적게 할수록 상대는 더 많은 말을 기억할 것입니다

142

배려

내가 전에 했던 말을 하는데도

당신은 처음 듣는 것처럼 들어주었습니다

내가 썰렁한 유머를 하는데도

당신은 배를 잡고 웃어주었습니다

내가 약속시간에 늦었는데도

당신은 반갑게 맞아주었습니다

내가 오랜만에 전화를 걸었는데도

당신은 오히려 더 미안하게 생각했습니다

내가 못 부르는 노래를 부를 때

당신은 같이 춤을 추어 주었습니다

당신은 지금까지 나의 약점에 대해

한마디로 말하지 않았습니다

내가 지금처럼 아름답게 사는 것은

순전히 당신 덕분입니다

당연한 것은 없다

오늘 아침에 눈을 떴다
당연한 것이 아니다
밤새 죽은 사람이 얼마나 많은데

지금 숨을 쉬고 있다
당연한 것이 아니다
지금 산소마스크로 숨을 쉬는 사람이 얼마나 많은데

지금 이불 속에서 창밖의 빗소리를 듣고 있다
당연한 것이 아니다
지금 비에 젖어 있는 사람이 얼마나 많은데

지금 가족들과 같이 밥을 먹고 있다
당연한 것이 아니다
TV를 보면서 혼자 밥을 먹는 사람이 얼마나 많은데

나는 해결해야 할 문제가 많지만 어쨌든 살아 있다
살아 있는 것이 당연한 것이 아니다
나보다 젊은 나이에 죽은 사람이 얼마나 많은데

우리가 지금 당연하다며 누리고 있는 것은
당연한 것이 아니다
살아 있는 사람만이 누리는 축복이다

삶

우리는

인생이 무엇인지도 모르고 살아가고

사랑이 무엇인지도 모르고 사랑을 하고

죽음이 무엇인지도 모르고 하루하루 죽어가고 있다

우리는

이별을 하면서 사랑을 배우고

고통을 통해 인생을 배우고

친구의 죽음을 통해 죽음을 배운다

우리를 아프게 하는 것들이 우리를 성장시킨다

삶이 아름다운 것은 이별과 고통이 있기 때문이다

죽음이 없다면 결코 우리는 삶에서 기쁨을 누릴 수 없다

145

아름다운 것들

첫사랑은 아름답다

이루어지지 않았기 때문이다

추억은 아름답다

다시 돌아갈 수 없기 때문이다

꿈꾸는 것은 아름답다

다 이루어지는 것은 아니기 때문이다

무지개는 아름답다

멀리서 바라만 봐야 하기 때문이다

사랑은 아름답다

세상을 아름답게 볼 수 있게 하기 때문이다

인생은 아름답다

인생은 짧고 뜻대로 안 되는 것이 많기 때문이다

146

중용의 의미

진정한 중용의 의미는
그냥 어중간하게 있는 것이 아니다
나아갈 때는 바람같이 나아가고
기다릴 때는 산같이 있는 것이다

미지근한 물같은 것이 아니라
뜨거울 때는 불같이 뜨겁고
차가울 때는 얼음같이 차가운 것이다

좋은 사람에게는 봄바람 같이 대하고
악한 사람에게는 가을서리 같이 대하고
약한 사람에게 친절하게 대하는 것이다

중용의 미덕을 지닌 사람은
항상 일률적으로 중간의 자리에 있는 것이 아니라
상황이나 차이를 고려하여 탄력적으로 대하는 것이다

명석한 사람과 지혜로운 사람

상대의 말에 오류를 찾아 말하는 사람은 명석한 사람이고
그걸 입 밖으로 꺼내지 않는 사람은 지혜로운 사람이다

상대에게 말을 잘 하는 사람은 명석한 사람이고
상대가 말을 잘 하도록 잘 묻고 잘 듣는 사람은
지혜로운 사람이다

상대에 대해 잘 아는 사람은 명석한 사람이고
자신에 대해 잘 아는 사람은 지혜로운 사람이다

결혼하기 전에 상대의 단점을 바로 보는 사람은
명석한 사람이고
결혼 후에 상대의 단점에 눈을 감는 사람은 지혜로운 사람이다

같이 있을 때 상대가 잘나 보이면 상대가 명석한 사람이고
같이 있을 때 내가 잘나 보이면 상대가 지혜로운 사람이다

그런 말 쉽게 하지 마세요

저를 사랑한다는 말 쉽게 하지 마세요
저도 저를 사랑하지 못해요

도를 아느냐고 묻지 마세요
난 아직 당신이 누구인지도 몰라요

돈이 인생의 전부가 아니라고 말하지 마세요
이틀 굶어보고 그런 말 하세요

세월이 약이라고 쉽게 말하지 마세요
지금 세상의 독한 약 다 먹고 죽고 싶어요

사랑으로 생긴 상처는

다른 사랑으로 고친다고 말하지 마세요

이제 다시는 그런 사랑 못할 것 같아요

전화

우리는 가까운 사람에게도 좀처럼 전화를 하지 않습니다

이심전심이나 무소식이 희소식이라는 말로 핑계로 댑니다

버튼 하나만 누르면 연결이 되는데

어째서 전화 한 통화하는 것이 큰일처럼 느껴질까요

그것은 상대와 사이가 멀어서 그런 것이 아니라

무슨 말을 어떻게 해야 할지 모르기 때문이 아닐까요

할 말이 있어서 하는 전화는 쉽지만

그냥 안부를 묻는 전화가 더 어렵습니다

친한 사람에게 전화를 하지 않을 때의 느낌이란

단골집을 그냥 지나칠 때의 느낌이지요

그러다가 느닷없이 상대의 전화를 받으면 당황하게 됩니다

먼저 거는 것은 어렵지 않으나 마음을 내는 것이 어렵지요

이제 당신의 바쁜 일손을 잠시 놓고

생각나는 사람에게 전화를 해보세요

무슨 말을 할지는 생각할 필요 없어요
그냥 안부만 물어보면
그 다음 말은 상대가 다 할 겁니다
상대를 생각하고 있다는 말보다
더 좋은 표현이 어디 있을까요
우리의 관계는 이심전심이 아닙니다
표현하지 않으면 상대는 모릅니다
무소식이 희소식도 아닙니다
무소식은 무관심의 표시일 뿐입니다

웃는 얼굴

돈이 많은 데도 돈을 쓸 줄 모르는 사람이 있고

돈이 빠듯한 데도 쓸 줄 아는 사람이 있습니다

돈은 얼마나 가지고 있느냐가 중요한 것이 아니라

어떻게 쓰느냐가 중요합니다

웃을 수 있는 조건을 다 갖추고도
웃지 않는 사람이 있고
웃을 조건이 없는 데도 잘 웃는 사람이 있습니다
웃을 조건을 갖추고 있느냐가 중요한 것이 아니라
얼마나 잘 웃느냐가 중요합니다

웃는 사람은 행복합니다
웃는 사람은 상대도 행복하게 합니다
웃는 사람은 건강합니다
많이 웃으세요
가장 좋은 관상은 웃는 얼굴입니다

자기 사랑

당신은 스스로를 사랑합니까?

거울 속에 비친 당신이 사랑스럽습니까?

녹음기에서 나오는 당신의 목소리가 마음에 드십니까?

'예' 라고 한 사람은 아주 특별하거나

지금 좀 비정상인 분입니다

'아니오' 라고 한 사람은 특별하지는 않지만

지극히 정상입니다

그러면 왜 우리는 자신을 사랑하지 않을까요

왜 우리는 스스로를 부족하다고 생각할까요

우리는 절대자의 전지전능하신 능력은 믿으면서

왜 절대자가 만든 우리 자신을 사랑하지 못하는 것일까요

그것은 자신의 단점은 너무 잘 알고
자신의 장점은 너무 모르기 때문이 아닐까요
드러나는 몇 개의 단점 때문에
드러나지 않은 많은 장점을 덮어버리는 것은 아닐까요
자신만큼 잘 안다면 그 누구를 존경할 수 있을까요
단점으로 장점을 덮지 못할 사람이 있을까요

스스로를 사랑합시다
절대자가 완벽하게 만들진 않아도 있는 그대로 사랑합시다
완벽한 존재만 사랑하는 것은 아닙니다
현재 있는 그대로 사랑하며 살아갑시다
절대자의 실수가 있었더라도 한 번쯤은 눈감아 줍시다
그러면 절대자도 우리의 실수를 한 번쯤은 눈감아 주겠지요

비 오는 날

비 오는 날은 무엇을 하기에도 적당하지 않았다
젊은 시절에는 그렇게 생각했다
우산을 써도 옷이 젖고
습기에 몸도 끈적거린다

비 오는 날에 하면 좋은 것들이 많다
나이가 들면서 그런 생각이 든다
차와 옷은 씻으면 되고
우산이 있으면 쓰고 없으면 비를 맞아도 된다

비 오는 날은 드라이브 하기에도 좋고
산사를 걸어도 좋다
파전에 막걸리를 마셔도 좋고
삼겹살에 소주를 마셔도 좋다

빗소리를 들으며 책을 읽어도 좋고
한 잔의 차를 마시며 추억에 잠겨도 좋다
친구에게 전화를 걸어도 좋고
창밖을 멍하게 보고 있어도 좋다

자신의 길

자신의 길을 가면서
그 길을 확신하며 가는 사람은 거의 없다
자신의 길이 환히 보이는 사람은
남이 만들어 놓은 길을 가는 사람이다
그 길은 언젠가는 끝이 있다

자신의 길이 힘들게 느껴지는 사람은
오르막길을 가는 사람이고
자신의 길이 쉽게 느껴지는 사람은
내리막길을 가는 사람이다
길은 오르막이 있으면 내리막이 있다

자신의 길이 힘들지만 즐거운 사람은
자신의 길을 제대로 찾은 사람이고
자신의 길이 힘들면서도 즐겁지 않은 사람은

자신의 길을 잘못 찾은 사람이다
힘들어도 즐거우면 제 길을 찾은 것이다

자신의 길을 걷는 사람이 많으면
두렵지는 않지만 얻을 것이 적고
자신의 길을 걷는 사람이 아직 많지 않으면
두렵지만 얻을 것이 많다
산삼은 항상 조용한 곳에서 자란다

많은 사람들이 자신의 길을 걸으며
그 길이 자신의 길이 아닐지도 모른다고 생각한다
바른 길은 환히 보이지도 않고
그리 쉬운 길도 아니다
즐겁게 갈 수 있다면 힘들어도 그 길이 자신의 길이다

세 가지 최고의 지혜

삶의 최고의 지혜는 어려운 것이 아니다

그러나 실천하는 것은 어렵다

그래서 최고라 한다

첫 번째 지혜는

하나가 있으면 반드시 대립되는 다른 하나가

있다는 것을 아는 것이다

삶이 있으면 죽음이 있고

즐거움이 있으면 고통이 있다는 것을 아는 것이다

불행은 하나만 원하고

다른 하나는 원하지 않는 데서 오는 것이다

두 번째 지혜는

하나를 선택하면 다른 하나를

포기해야 한다는 것을 아는 것이다

최고의 선택은 내가 잡아야 할 것을 아는 것이 아니라

포기해야 할 것을 정확하게 아는 것이다

불행은 잡아야 할 것을 잡지 못해서 오는 것이 아니라

놓아야 할 것을 놓지 못해서 오는 것이다

세 번째 지례는

세상의 모든 것은 내가 만든다는 것을 아는 것이다

세상이 좋아져야 내가 행복해지는 것이 아니라

내가 바뀌면 행복하게 된다는 것을 아는 것이다

불행은 나를 바꾸지 않고

세상이 바뀌기만 바라는 데서 오는 것이다

상처

우리는 자신의 잣대로 상대를 재단하는 경향이 있습니다
내가 그 사람을 좋아하면
상대도 나를 좋아해야 한다고 생각합니다
내가 그 사람에게 주는 것이 있으면
상대도 나에게 뭔가를 주어야 한다고 생각합니다

상대가 자신의 생각대로 되지 않을 때 오해를 합니다
휴대전화를 받지 않아도 마음대로 추측을 합니다
오해와 추측이 지속되면 사실처럼 굳어집니다

내 스스로 상대를 나쁜 사람으로 만들어 놓고
상처를 받습니다
상대는 이유조차 모른 채 멀어져갑니다
이를 해결하는 방법은 오해가 자리를 잡으려고 할 때
상대에게 직접 물어보는 것입니다

미루어도 되는 것

'다음에 소주 한잔 합시다'
이 말을 그대로 믿으면 실망합니다
이 말은 헤어질 때 하는 인사말이 되고 말았습니다

우리는 너무나 쉽게 다음으로 미루고 맙니다
그 다음은 또 다른 다음으로 밀려
결코 오지 않는 시간이 되었습니다
지금 소주 한잔 하고 싶으면 바로 하세요
살아가면서 미루어도 되는 것이 있습니다
신중할수록 좋은 것이 있습니다

사람을 판단하는 것입니다
상대에 대한 과대평가는 실망을 하는 정도에서 끝나지만
과소평가로 오는 결과는 쉽게 끝나지 않을 수도 있습니다
관계가 깊은 사이일수록 판단은 늦추는 것이 좋습니다

물건을 사는 것입니다
물건을 살까 말까 망설일 때는 사지 않는 것이 좋습니다
사는 것은 언제든지 살 수 있지만
사놓고 나서 후회할 때가 많습니다
이삿짐을 싸 보면 우리가 얼마나 불필요한 것을
많이 가지고 있는지 압니다

화가 났을 때 하는 말입니다
하고 싶은 말을 하지 않아서 후회하는 것보다는
하지 않아도 될 말을 해버리고 나서
후회하는 경우가 훨씬 많습니다
특히 화가 났을 때 하는 말은 분명히 후회하게 됩니다

지 금   그 대 로   사 랑 합 니 다